Jutta Schütz wurde in Lebach (Saarland) geboren.
Mit ihrem ersten Bestseller "Plötzlich Diabetes" (2008)
gilt die Autorin bei Kritikern als Querdenkerin. 2010
startete sie mit ihren Gesundheitsbüchern ihr Pilotpro-
jekt in Bruchsal und später bei der VHS in Wolfsburg.
Schütz schreibt Bücher, die anspornen, motivieren
und spezielles Insiderwissen liefern. Sie hat bis heute
über 85 Bücher geschrieben und an vielen anderen
Büchern mitgewirkt. Zudem hilft sie als Mentorin und
Coach vielen Neuautoren bei
der Veröffentlichung ihrer Bücher.
Als Journalistin schreibt sie für viele Verlage und Zei-
tungen. Ihre Themen sind: Gesundheit, Psychologie,
Kunst, Literatur, Musik, Film, Bühne, Entertainment.
Weitere Informationen zur Autorin und ihren Büchern findet man in den Verlagen, auf ihrer Webseite
sowie im Kultur-Netzwerk.
Mehr Infos finden Sie auf der Webseite:
www.jutta-schuetz-autorin.de
www.die-gruppe-48.net/Funktionstraeger

© **2018 Autor: Jutta Schütz**
© 2018 Buchsatz, Layout, Buchgestaltung
© 2018 Buchidee: Jutta Schütz
www.jutta-schuetz-autorin.de

© **2018 Herstellung und Verlag:**
BoD – Books on Demand, Norderstedt

ISBN: 9783752852417

Bibliografische Information der Deutschen Nationalbibliothek: Die Deutsche Nationalbibliothek verzeichnet diese Publikation in der Deutschen Nationalbibliografie; detaillierte bibliografische Daten sind im Internet über http://dnb.d-nb.de abrufbar.

Jutta Schütz

LOW CARB koscher

Jüdische Spezialitäten

Inhaltsverzeichnis

Vorwort

Rezepte

Vorwort

Koscheres Essen gewinnt in der nicht-jüdischen Welt immer mehr an Bedeutung.

Der Begriff "koscher" entstand aus dem jüdischen Glauben und steht für Lebensmittel, die dem Reinheitsgebot "Mose" entsprechen.

In der Bibel steht, dass der Mensch kein Blut essen darf und er darf auch das Zicklein nicht in der Milch der Mutter zubereiten.

Die jüdischen Rezepte orientieren sich nach den Speisegesetzen, auch Kaschrut-Regeln genannt.

Der Ursprung dieser jüdischen Regelung liegt in der jahrtausendealten Tora, der heiligen Schrift der Juden (Altes Testament der Bibel – die fünf Bücher Moses).

Koscher sind alle frischen Obst- und Gemüsesorten (sämtliche Fruchtsäfte mit 100% Fruchtgehalt außer Traubensaft).

Zum Beispiel wird auf Schweinefleisch verzichtet. Stattdessen greift man zu Pute oder Hühnchen sowie Rind, Schaf oder Ziege. Das heißt: Alle Tiere wie Schweine, Hasen, Pferde oder Kamele sind verboten.

Für Geflügel gilt: Erlaubt sind nur Hausvögel, die rituell (jüdisch) geschlachtet wurden: Gänse, Hühner, Enten, Truthähne und Tauben.

Eine andere Vorschrift schreibt vor, Milchprodukte und Fleisch nie gemeinsam zuzubereiten und zu verzehren.

Eine weitere Regel verbietet, Blut zu essen (Das gibt es auch in ähnlicher Form im Islam). Das Tier soll beim koscheren Schlachten möglichst komplett ausbluten.

Wenn es um Fische geht, so sind alle Fische, die Flossen und Schuppen besitzen (beide Koscher Merkmale) koscher. Das wären Hering, Heilbutt, Kabeljau, Flunder, Forelle, Makrele, Lachs, Thunfisch. Nicht koscher sind: Wale, Aale sowie Schalentiere (Krebse, Hummer, Muscheln usw.).

Kaviar von nicht-koscheren Fischen ist verboten. Auch das Fischöl ist nur von koscheren Fischen koscher.

Die Milch von koscheren Tieren (Kühe, Ziegen, Schafe) ist koscher, Milch von anderen Tieren (Pferde, Schweine, Kamele) ist nicht erlaubt.
Koscher-Liste siehe Internet!

Es ist nicht leicht, ein Essen zu prüfen, ob es koscher oder nicht koscher ist. Die Inhaltsstoffe müssen erst ab einer gewissen Menge (Konzentration) benannt sein. Zirka 3000 Zusatzstoffe werden in der Lebensmittelherstellung verwendet, viele davon sind fleischlicher Herkunft – manchmal auch von Insekten. Erdnussbutter, die als ein vegetarisches Produkt gilt, enthält dennoch tierische Fette.
Nach der jüdischen Tradition haben Lebensmittel Auswirkungen auf den Körper und auf die Seele.
Gläubige Juden essen kein Chelev. Das ist das dichte feste Fett des Tieres. Tierfleisch sollte nur gegessen werden, wenn es durch einen autorisierten Experten geschlachtet wurde (mit koscherer Klinge). Das Tier darf keinen Makel haben und muss rituell geschlachtet werden. Erst wenn das Tier abgespült und von allem Blut befreit wurde sowie gesalzen ist, darf es zubereitet werden.
Von Nichtjuden gekochtes Essen ist nicht koscher.
Koscher-Zertifikate (Kaschrut) müssen auf den Verpackungen vorhanden sein, im Zweifelsfall ist ein Rabbiner zu befragen.
Das Fleisch und Geflügel sollte bei einem koscheren Metzger gekauft werden.
Schon vorverarbeitete Lebensmittel müssen geprüft sein, ob sie koscher sind.
Außerdem dürfen keine Würmer, Insekten oder Reptilien verzehrt werden. Auch Eier mit Blut sind ebenfalls verboten.
Allgemein sollte ein gekochtes oder gebackenes Essen von einem Juden gekocht (gebacken) werden.
Bei Aschkenazische-Juden reicht es aus, wenn der mitkochende Jude den Ofen (das Feuer) angezündet hat.
Und für Sefardische-Juden muss der Jude das Essen selbst aufs Feuer legen.
Der Wein wird für "Kiddusch, Hawdala" Hochzeiten und für den Gottesdienst verwendet. Jeder koschere Wein, Sherry,

Portwein sowie auch der Traubensaft (oder andere Produkte die Wein oder Traubensaft enthalten) muss von Tora-treuen Juden verarbeitet und gehandhabt werden. Gekochter Wein darf nicht für Sakramente benutzt werden.

Kiddusch ist ein Segentext und heißt Heilung (Hebräisch).
Mit ihm beginnen viele Juden ihre Mahlzeiten im Alltag, am Schabbat und an Feiertagen. Der Schabbat ist der Höhepunkt jeder Woche und erinnert an das Ruhen des Schöpfers nach der Erschaffung der Welt (Ex. 20, II) sowie an den Auszug aus Ägypten.

Hawdala bedeutet Unterscheidung. So wie der Schabbat mit dem Kiddusch begrüßt wird, endet er auch mit einer Zeremonie der Hawdala. Er soll den Unterschied zwischen dem zu Ende gehenden Festtag sowie dem Wiederbeginn des Alltags bewusst machen. Den Segen-Spruch spricht man über dem Wein, wohlriechenden Gewürzen und Licht.

REZEPTE

Möhren Puffer

➢ **Zutaten:**

5 große Möhren
3 Eier (mittel)
3 Frühlingszwiebeln
½ Bund Schnittlauch
2 – 3 EL Semmelbrösel
3 Prisen Pfeffer
½ TL Salz
1 Prise Zucker
1 Prise Zimt
2 Prisen Ingwerpulver
½ TL Currypulver
½ TL Paprikapulver süß
1 TL Zitronensaft
100 g saure Sahne
3 – 4 EL Pflanzenöl zum Ausbacken
Küchenkrepp

➢ Zubereitung:

Frühlingszwiebeln fein hacken und zur Seite stellen.

Schnittlauch in kleine Stifte schneiden und zur Seite stellen.

Möhren waschen, schälen und fein reiben. In einem Sieb gut ausdrücken und zirka 15 Minuten abtropfen lassen.

Die Eier in einer Schüssel verquirlen.

Möhren, Frühlingszwiebeln (1 EL für die Garnierung zurück behalten), Semmelbrösel, Zitronensaft und die Gewürze gut miteinander mischen.

Pfanne heiß werden lassen und das Öl hinzu geben.

Mit einem großen Esslöffel kleine Puffer in die Pfanne geben und von jeder Seite knusprig braten.

Küchenkrepp auf einen großen Teller legen und die Puffer darauf legen.

Die Puffer mit den Frühlingszwiebeln und Schnittlauch überstreuen und mit etwas saurer Sahne servieren.

Tipp

Anstatt Schnittlauch können Sie auch Petersilie nehmen.

Anstatt Frühlingszwiebeln können Sie auch 2 kleine Zwiebeln nehmen.

Hähnchenschenkel mit Kapern und Oliven

➢ **Zutaten:**

4 Hähnchenschenkel
2 Frühlingszwiebeln
1 Knoblauchzehe
8 entkernte Trockenpflaumen
12 entkernte Oliven
2 EL Kapern
1 TL Thymian getrocknet
1 TL Koriander getrocknet
1 TL Koriander zur Garnierung
½ TL Salz
3 Prisen Pfeffer
2 Lorbeerblätter
1 TL Zitronensaft
200 ml Weißwein
4 EL Olivenöl

> ## Zubereitung:

Die Hähnchenschenkel werden mariniert und über Nacht im Kühlschrank gelagert.

Hähnchenschenkel mit den Gewürzen, Lorbeerblätter, Zitronensaft, Weißwein, 2 EL Olivenöl, Pflaumen, Oliven und Kapern in eine hohe Schüssel geben und gut durchmischen.

Frühlingszwiebeln klein schneiden und zu den Hähnchenschenkeln geben.

Knoblauch klein hacken und zu den Hähnchenschenkeln geben.

Wieder alles gut durchmischen und abgedeckt (vielleicht mit einem Teller, oder sie verwenden eine Plastikschüssel mit Deckel). Über Nacht in den Kühlschrank stellen.

Die Hähnchenschenkel aus der Marinade nehmen und in einem Sieb gut abtropfen lassen.

Die Marinade aufheben!

Eine hohe Pfanne heiß werden lassen und 2 EL Öl hinein geben.

Die Hähnchenschenkel auf beiden Seiten gut anbraten

Die Marinade zum Fleisch geben und kurz aufkochen lassen.

Auf kleiner Flamme das Ganze zirka 40 Minuten köcheln.

Mit Koriander bestreut servieren.

Tipp:

Anstatt Hähnchenschenkel können Sie auch Hähnchenflügel oder Hähnchenbrustfilet nehmen.

Anstatt Trockenpflaumen können Sie auch getrocknete Aprikosen verwenden.

Anstatt die Fleischteile mit Koriander zu bestreuen, können Sie auch Schnittlauch oder Petersilie verwenden.

Klassische Hühnersuppe

1 kleines Huhn
1 Zwiebel – vierteln
2 Knoblauchzehen
4 Möhren – in grobe Stücke schneiden
2 Stangensellerie – in grobe Stücke schneiden
1 Bund Schnittlauch – ein TL zurück behalten
1 Bund Petersilie – ein TL zurück behalten
½ Bund Dill
1 TL Salz
½ TL Pfeffer
1 EL Zitronensaft

Das Huhn waschen und mit der Brustseite nach unten in einen großen Topf legen.

Den Topf mit kaltem Wasser (bis 10 cm unter den Topfrand) auffüllen. Möhren, Zwiebeln, Sellerie und die Kräuter hinzu geben und alles zum Kochen bringen.

Zirka 2 Stunden leicht köcheln lassen (Nicht kochen). Den Topfdeckel dazu etwas verschoben darauf legen.

Zwischendurch immer wieder das Fett abschöpfen.

Mit Salz und Pfeffer würzen.

Nach 2 Stunden den Knoblauch und den Zitronensaft hinzu geben und eine weitere Stunde kochen.

Insgesamt kocht die Suppe zirka 3 Stunden.

Hühnerbrühe abseihen und die Brühe zurück in den Topf geben.

Hühnerfleisch von den Knochen ablösen, die Haut entfernen. Das Fleisch in mundgerechte Stücke schneiden und zur Suppe geben.

Nochmal mit Salz und Pfeffer abschmecken.

Die Suppe wird mit frischer Petersilie und Schnittlauch serviert.

Tipp:

Anstatt einem Huhn kann man die Suppe auch mit Hühnerteile kochen. Die Kochzeit verringert sich dann auf die Hälfte (1 bis 1 ½ Stunden).

Dazu können Sie auch die Möhrenpuffer (Seite 8) servieren.

Rindfleisch mit Baked Beans

> **Zutaten:**

500 g Rindfleisch
3 große Karotten
1 Paprika
2 kleine Zwiebeln
2 Knoblauchzehen
Zirka 250 g Baked Beans (ohne Zucker)
Baked Beans sind ein traditionelles britisches oder amerikanisches Gericht aus weißen Bohnen, die mit Tomatensauce oder Ketchup im Ofen gebacken werden.
2 Tomaten
2 EL Barbecuesauce
2 TL mittelscharfer Senf
1 EL Zitronensaft
1 TL Salz
½ TL Pfeffer
1 TL Steakgewürz
3 EL Pflanzenöl
Zirka 1 Liter Gemüsebrühe
1 Bund frische Kräuter (Petersilie oder Schnittlauch)

> ➢ **Zubereitung:**

Rindfleisch waschen und in grobe Würfel schneiden.

Eine Hohe Pfanne heiß werden lassen und dann das Öl hinzu geben.

Das Fleisch rundherum anbraten.

Zwiebeln schälen, waschen und vierteln. Zu dem Fleisch geben.

Karotten waschen und in große Stücke schneiden, zu dem Fleisch geben.

Paprika waschen, entkernen und vierteln. Zu dem Fleisch geben.

Fleisch/Gemüse-Masse alles gut umrühren und mit Gemüsebrühe übergießen. Das Fleisch sollte bedeckt sein. Mit Salz und Pfeffer würzen.

Alles zum Kochen bringen, dann auf kleiner Flamme zirka 2 Stunden weiter garen. Den Topfdeckel etwas schief auflegen. Ab und zu umrühren.

Dann den Knoblauch schälen und waschen und mit den restlichen Gewürzen zu dem Fleisch geben.

Senf, Zitronensaft und Baked Beans hinzu geben und nochmal ½ Stunde leicht garen.

Kräuter waschen und klein schneiden. Über das Fleisch geben und servieren.

Marokkanische Barschfilets

> ➤ **Zutaten:**

1 kg Barschfilets
2 kleine Karotten
2 kleine Zwiebeln
1 frische rote Paprika
1 frische grüne Paprika
2 Knoblauchzehen
2 Tomaten
4 grüne entsteinte Oliven
200 g Kichererbsen aus der Dose
2 EL frischer Petersilie
2 EL frischer Schnittlauch
1 TL Paprikapulver süß
1 TL Currypulver
½ TL Kreuzkümmel gemahlen
½ TL Cayennepulver gemahlen
1 TL Salz
½ TL Pfeffer
Zirka 1 L Hühnerbrühe
2 EL Pflanzenöl
1 Zitrone (Schale zum Verzehr geeignet)

➢ Zubereitung:

Karotten waschen und in kleine Stifte schneiden.

Zwiebeln schälen, waschen und in kleine Würfel schneiden.

Paprikas waschen, entkernen und in grobe Stifte schneiden.

Knoblauchzehen schälen und waschen.

Tomaten waschen und in grobe Würfel schneiden.

Kichererbsen abtropfen lassen.

Hühnerbrühe aus Bouillon zubereiten oder selbst herstellen (oder siehe Seite 12).

Eine hohe Pfanne heiß werden lassen und das Öl hinzu geben.

Karotten, Zwiebeln, Paprikas, Knoblauch, Tomaten kurz anbraten. Die Paprikas sollten etwas weich sein. Die Kichererbsen hinzugeben. Mit den Gewürzen abschmecken.

Die Oliven klein würfeln und zu der Gemüsemasse hinzu geben und alles gut mischen.

Den Fisch auf das Gemüse legen und mit der Hühnerbrühe auffüllen. Der Fisch sollte knapp mit der Flüssigkeit bedeckt sein.

Auf kleiner Flamme zirka 40 Minuten köcheln.

Frische Kräuter waschen und klein schneiden. Zitrone waschen und in dünne Scheiben schneiden.

Den Fisch mit den Kräutern bestreuen und mit der Zitrone servieren.

Kohlrabi Puffer

➢ **Zutaten:**
2 große Kohlrabis
3 Eier (mittel)
3 Frühlingszwiebeln
½ Bund Schnittlauch
2 – 3 EL Semmelbrösel
3 Prisen Pfeffer
½ TL Salz
1 Prise Zucker
1 Prise Zimt
2 Prisen Ingwerpulver
½ TL Currypulver
½ TL Paprikapulver süß
1 TL Zitronensaft
100 g saure Sahne
3 – 4 EL Pflanzenöl zum Ausbacken
Küchenkrepp

> ➤ **Zubereitung:**

Frühlingszwiebeln fein hacken und zur Seite stellen.

Schnittlauch in kleine Stifte schneiden und zur Seite stellen.

Kohlrabis waschen, schälen und fein reiben. In einem Sieb gut ausdrücken und zirka 15 Minuten abtropfen lassen.

Die Eier in einer Schüssel verquirlen.

Kohlrabis, Frühlingszwiebeln (1 EL für die Garnierung zurück behalten), Semmelbrösel, Zitronensaft und die Gewürze gut miteinander mischen.

Pfanne heiß werden lassen und das Öl hinzu geben.

Mit einem großen Esslöffel kleine Puffer in die Pfanne geben und von jeder Seite knusprig braten.

Küchenkrepp auf einen großen Teller legen und die Puffer darauf legen.

Die Puffer mit den Frühlingszwiebeln und Schnittlauch überstreuen und mit etwas saurer Sahne servieren.

Tipp

Anstatt Schnittlauch können Sie auch Petersilie nehmen.

Anstatt Frühlingszwiebeln können Sie auch 2 kleine Zwiebeln nehmen.

Israelischer Salat

➤ **Zutaten:**

1 große Salatgurke
2 große Tomaten
1 grüne Paprika
2 Frühlingszwiebeln
1 EL frische Petersilie
2 EL frischer Schnittlauch
2 EL frische Minze

➤ **Zubereitung:**

Salatgurke schälen, waschen und in dünne Scheiben oder Stifte schneiden.
Tomaten waschen und in dünne Scheiben schneiden.
Paprika waschen, entkernen und in dünne Stifte schneiden.
Frühlingszwiebeln waschen und sehr fein schneiden.
Petersilie und Schnittlauch waschen und sehr fein schneiden.
Frische Minze waschen und grob schneiden.

➢ **Zutaten für das Salatdressing:**

2 EL Zitronensaft
2 Prisen Zucker
½ TL Salz
½ TL Pfeffer
3 EL Olivenöl
1 Knoblauchzehe

➢ **Zubereitung:**

Knoblauch waschen und fein pressen.
Alle Zutaten in einer Schüssel miteinander mischen und über den Salt geben.

BRISKET süß saures Beef
Rinderbrust (Kernstück)

> ➤ **Zutaten:**

1 kg Rinderbrust (Kernstück)
2 kleine Zwiebeln
2 Knoblauchzehen
1 Möhre
100 ml Ketchup
200 ml Wasser
4 EL Essig
2 EL Zitronensaft
2 TL flüssigen Süßstoff
½ TL Salz
½ TL Pfeffer
3 EL Olivenöl

➢ Zubereitung:

Fleisch waschen, abtropfen lassen.

Pfanne heiß werden lassen, das Öl hinzu geben und das Fleisch auf allen Seiten stark anbraten.

Zwiebeln schälen und waschen. In dicke Scheiben schneiden.

Knoblauch schälen, waschen und klein hacken.

Möhre waschen, schälen und in kleine Würfel schneiden.

Zwiebeln, Knoblauch und die Möhre zum Fleisch geben.

Das Wasser, Essig, Zitronensaft, Ketchup und die Gewürze zum Fleisch geben und alles gut mischen.

Auf niedriger Hitze zirka 2 Stunden garen. Das Fleisch ab und zu wenden.

Das Fleisch aus der Pfanne nehmen und 15 Minuten ruhen lassen. Den Sud aufheben!

Das Fleisch dann gegen die Faser in dicke Scheiben schneiden und in einen großen Bräter schichten.

Das Fleisch mit dem Sud (Sauce) übergießen und abgedeckt im Kühlschrank ein paar Stunden ziehen lassen (Am besten über Nacht).

Das Fett im Bräter abschöpfen und das Fleisch im Backofen erhitzen (Es geht auch auf dem Herd).

Im Backofen bei 160 Grad zirka 30 Minuten

Hähnchenbrustfilet mit Mungobohnensprossen Aus dem Wok

> ➢ **Zutaten:**

400 g Hähnchenbrustfilet
300 g Mungobohnensprossen
2 Frühlingszwiebeln
1 Knoblauchzehe
1 große Möhre
1 kleine milde Chilischote
1 EL Zitronensaft
2 EL Sojasauce
½ TL Currypulver
½ TL Paprikapulver süß
½ TL Salz
Zirka 3 Prisen Pfeffer
2 – 3 EL Olivenöl

➤ Zubereitung:

Fleisch waschen und trocken tupfen.

Fleisch in Streifen schneiden.

Zwiebeln schälen, waschen und in dünne Scheiben schneiden (zur Seite stellen).

Möhre waschen, schälen und in sehr feine Streifen schneiden (zur Seite stellen).

Knoblauch schälen und in sehr feine Würfel schneiden (zur Seite stellen).

Wok heiß werden lassen und das Öl hinzu geben.

Unter ständigem Rühren das Fleisch auf allen Seiten anbraten.

Anschließend alle Zutaten hinzufügen und gar werden lassen.

Rindfleisch mit weißen Bohnen

> ➢ **Zutaten:**

700 g Rindfleisch
Zirka 400 weiße Bohnen aus der Dose
1 Zwiebel
1 Knoblauchzehe
1 Möhre
1 Tomate
1 kleine milde Peperoni
1 TL Salz
½ TL Pfeffer
1 TL Chiliflocken
1 EL Tomatenmark
2 EL Zitronensaft
Zirka ½ Liter Gemüsebrühe (oder Hühnerbrühe)
3 EL Olivenöl

➢ Zubereitung:

Fleisch waschen und abtupfen. In grobe Würfel schneiden.
Zwiebel schälen, waschen und in feine Würfel schneiden.
Knoblauchzehe schälen, waschen und in sehr dünne Scheibchen schneiden.
Möhre schälen, waschen und in grobe Scheiben schneiden.
Tomate waschen und vierteln.
Pfanne heiß werden lassen und das Öl hinzu geben. Das Fleisch hinzu geben und von allen Seiten stark anbraten.
Alle Zutaten (außer die weißen Bohnen) hinzu geben und zirka 2 Stunden auf kleiner Flamme köcheln. Dabei den Deckel schief auflegen.
Wenn das Fleisch gar ist, die Bohnen dazu geben und nochmal abschmecken. Zirka 10 Minuten weiter garen.

HUMMUS Kichererbsenbrei

> ➢ **Zutaten:**

2 Dosen Kichererbsen
2 Knoblauchzehen
2 Frühlingszwiebeln
1 Möhre
2 EL Zitronensaft
2 EL Sesampaste
½ TL Kreuzkümmel
1 TL Paprikapulver süß
2 – 3 EL Olivenöl
2 EL entkernte Oliven

➢ Zubereitung:

Die Dosen-Kichererbsen mit dem Saft in einen Topf geben und für wenige Minuten aufkochen lassen. Topf zur Seite stellen.

Knoblauchzehe schälen, waschen und sehr fein hacken.

Zwiebeln schälen, waschen und in feine Scheiben schneiden.

Möhre waschen, schälen und in sehr feine Stifte schneiden.

Die Kichererbsen mit einem Schöpflöffel aus dem Topf nehmen (den Kochsud aufheben) und mit dem Knoblauch, Zwiebeln und Möhre in den Mixer geben und gut pürieren.

Zitronensaft, Olivenöl, Sesampaste zu der pürierten Masse geben und wieder mit dem Mixer pürieren.

Den Kochsud aus dem Topf nach und nach hinzu geben.

Es sollte eine weiche Paste ergeben.

Löffelprobe: Der Löffel darf nicht in der Paste stehen bleiben.

Die Hummus-Masse wird beim Erkalten wieder fester.

Den Hummus auf die Teller geben und in die Mitte je einen Esslöffel entsteinte Oliven hinein setzen.

Persische Zucchini Pfanne

➢ **Zutaten:**

4 kleine Zucchini
1 kleine Möhre
1 kleine Frühlingszwiebel
1 Knoblauchzehe
6 Eier
½ TL Salz
3 Prisen Pfeffer
1 Prise Zimt

> **Zubereitung:**

Zucchini in dicke Stifte schneiden und zur Seite stellen.

Die Eier in einer hohen Schüssel verquirlen und mit Salz, Pfeffer und der Prise Zimt mischen.

Möhre waschen, schälen und in sehr feine Stifte schneiden.

Zwiebel waschen und in sehr feine Scheiben schneiden.

Knoblauch schälen, waschen und sehr fein hacken.

Eimasse mit den Zucchini, Zwiebel, Knoblauch und Möhre mischen.

Eine hohe Pfanne heiß werden lassen und das Öl hinzu geben.

Die Ei-Masse hineingeben und auf kleiner Flamme stocken lassen.

Prinzeßbohnen mit Walnüssen

➤ **Zutaten:**

700 g TK-Prinzeßbohnen
150 g Walnüsse
1 kleine Zwiebel
1 Knoblauchzehe
1 – 2 EL Bohnenkraut getrocknet
½ TL Salz (plus 1 TL Salz für das Kochwasser)
3 Prisen Pfeffer
2 – 3 EL Olivenöl
Zirka 200 ml Wasser

> ➤ **Zubereitung:**

Die Bohnen im gesalzenen Wasser zirka 8 Minuten kochen und in einem Sieb abschütten.

Zwiebel schälen, waschen und in kleine Würfel schneiden.

Knoblauchzehe schälen, waschen und fein hacken.

Walnüsse grob hacken.

Die Zwiebel mit 2 EL Olivenöl in einer Pfanne glasig dünsten.

Die Bohnen, Nüsse, Knoblauch, Salz und Pfeffer in die Pfanne geben und alles gut mischen.

Das serviert man mit Brot (Low Carb Brot).

Dorade mit Kapern

> **Zutaten:**

2 Doraden

1 Glas Kapern

2 Zitronen

1 Frühlingszwiebel

2 Knoblauchzehen

1 Bund frische Kräuter

½ TL Salz

3 Prisen Pfeffer

2 EL Butter

2 EL Olivenöl

➢ Zubereitung:

Küchenfertige Doraden mit Salz und Pfeffer einreiben.

Pfanne heiß werden lassen und das Öl hinzu geben.

Von beiden Seiten gut anbraten und in eine hohe Backpfanne legen.

Die Butter in einer Pfanne erwärmen (NICHT braun werden lassen).

Knoblauch schälen, waschen und sehr fein hacken.

Kurz in der Butter schwenken.

Zwiebel schälen, waschen und in feine Scheiben schneiden.

Die frischen Kräuter waschen und grob klein schneiden.

Zitronen in Scheiben schneiden.

Die Hälfte der Zitronen in die Doraden schieben, die Hälfte der frischen Kräuter dazu geben. Mit der Butter/Knoblauch-Masse übergießen und die Kapern dazu geben.

Die restlichen Zitronenscheiben auf den Doraden verteilen.

Im Backofen bei 180 Grad zirka 15 Minuten fertig garen.

Die restlichen Kräuter darüber streuen.

Kichererbsen Muffins

➢ **Zutaten:**

400 g Kichererbsenmehl

200 g Butter

1 TL Salz

2 TL Natron

10 Eier

2 EL grob gemahlene Haselnüsse

2 EL grob gemahlene Mandeln

Zubereitung:

Eier trennen, Eiweiß steif schlagen.
Restliche Zutaten miteinander verrühren.
Eiweiß unterheben.
Den Teig in Muffinförmchen einfüllen.
Bei 180 Grad zirka 40 Minuten backen.

Low Carb Fladenbrot

➢ **Zutaten:**

200 g Frischkäse
6 Eier
1 EL Sesamkörner
1 EL Leinsamen
1 P Backpulver
½ TL Salz
1 EL Olivenöl

➤ Zubereitung:

Eier trennen und das Eiklar sehr steif schlagen.

In einer zweiten Schüssel das Eigelb und den Frischkäse schaumig rühren.

Sesamkörner, Leinsamen und Salz dazugeben, Eischnee vorsichtig unterheben.

Backpapier mit dem Olivenöl einstreichen.

Auf dem Backblech 6 platte Häufchen verteilen und bei 160 Grad zirka 25 – 30 Minuten backen.

Kichererbsen-Brot

> ➢ **Zutaten:**

400 g Kichererbsenmehl
200 g Butter
1 TL Salz
2 TL Natron
10 Eier
4 EL grob gemahlene Haselnüsse
1 EL gemahlene Mandeln

> **Zubereitung:**

Eier trennen, Eiweiß steif schlagen.

Restliche Zutaten (nur 2 EL Nüsse) miteinander verrühren, Eiweiß unterheben.

Kastenform mit Butter einstreichen und mit 2 EL Haselnüssen ausstreuen, den Teig einfüllen.

Bei 180 Grad zirka 50 Minuten backen.

Low Carb Bagel (Auf Vorrat)

> ➤ **Zutaten:**

60 g Sesam

100 g Goldleinsamen (fein gemahlen)

70 g Kokosmehl

100 g Magerquark

230 g Mozzarella

3 kleine Eier

3 TL Backpulver

2 Eigelbe (zum Bestreichen)

2 EL Sahne (zum Bestreichen)

➢ **Zubereitung:**

Goldleinsamen und Kokosmehl mischen. Mozzarella in kleine Stücke schneiden und mit dem Quark vermischen. Über dem Wasserbad (oder Mikrowelle) unter ständigem Rühren zum Schmelzen bringen, abkühlen lassen. Mit den Eiern, Leinsamen und Kokosmehl mit dem Mixer kurz mischen, dann von Hand nochmal gut durchkneten. In einer Frischhaltedose (oder Beutel) im Kühlschrank zirka 2 Stunden kühlen. Den Teig in 8 Portionen teilen. Jedes Teil zu einer Kugel formen und in die typische Bagelform bringen. Bagel auf ein mit Backpapier ausgelegtes Backblech legen. Die Eigelbe mit der Sahne mischen und die Bagel damit bestreichen. Mit Sesam bestreuen – den Sesam etwas andrücken. Zirka 25 – 30 Minuten bei 200 Grad backen (Ober und Unterhitze).

Der Unterschied zwischen Goldleinsamen und Leinsamen ist:

Es handelt sich um die gleiche Art Leinprodukten (Linum unsitatissimum).

Die braunen oder goldenen Körner stammen von Varietäten und unterscheiden sich in der Fettsäurezusammensetzung und ihrem Quellvermögen.

Der Goldleinsamen enthält mehr Linolsäure (Omega 6-Fettsäure) und weniger Alpha-Linolensäure (Omega 6-Fettsäure). Er besitzt ein höheres Quellvermögen.

Müsliriegel

➢ Zutaten:

50 g getrocknete Aprikosen

50 g getrocknete Apfelringe

2 EL Butter

50 g Birkenzucker (Xylit)

50 g Honig

1 EL Orangenschale (Schale zum Verzehr geeignet)

1 EL Orangensaft

100 g Haferflocken

50 g Kokosraspel

5 EL Haselnüsse, gehackt

1 EL Pistazienkerne

1 EL Sesamsaat, hell

➢ Zubereitung:

Aprikosen grob hacken. Apfelringe in kleine Stücke schneiden. Butter, Zucker und Honig in einen Topf geben und erhitzen, bis die Butter schäumt und der Zucker sich auflöst. Orangenabrieb und Saft, Haferflocken, Kokosraspel, Haselnüsse, Rosinen und Apfelstückchen in den Topf geben und alles gut miteinander vermischen. Müslimasse mit einem feuchten Gummischaber (Backutensil) auf ein mit Backpapier ausgelegtes Backblech streichen. Mit Pistazien und Sesamsaat bestreuen.

Im vorgeheizten Backofen bei 160 Grad Umluft für ca. 25-30 Minuten backen. Auskühlen lassen, danach in 20 Riegel schneiden.

Infos über die Ernährung Low Carb

Bei der Low Carb Ernährung (LC) handelt es sich um eine langfristige, gesunde und bewusste Ernährungsumstellung und es kommt auch nicht zu dem berüchtigten Jo-Jo-Effekt oder Heißhunger.
Kurz erklärt: Low Carb heißt "Wir essen weniger Kohlenhydrate".

Es ist schon eine Lebensumstellung kohlehydratarm zu essen, besonders im Kreise der Familie und bei Freunden werden die Essgewohnheiten anfangs kritisiert und in Frage gestellt. Die kohlenhydratarme Ernährungsform „Low Carb" ist ein großer Schritt in Richtung eines wesentlich gesünderen Lebens und ein Weg aus dem größten Ernährungsdilemma unserer Zeit, denn letztendlich kommt es darauf an, was aus der Nahrung herausgeholt wird, und das kann ganz unterschiedlich sein. Eine gesunde Ernährung heißt vor allem möglichst natürliche und abwechslungsreiche Kost und wer auf die Kohlenhydrate in der Ernährung achtet, braucht keine Diät.
Bewusstes Essen gepaart mit Bewegung hält fit und macht Spaß. Das allgemeine physische, physiologische und auch sozial-psychologische Wohlbefinden des Menschen liegt in der direkten Verbindung mit der Qualität der aufgenommenen Nahrung.
Unsere Gesundheit ist das Wichtigste in unserem Leben.
Ihr Stellenwert wird oft erst bei Krankheit oder mit zunehmendem Alter erkannt.
Jeder kann frei entscheiden, wie er sich ernährt und hat damit großen Einfluss auf seine Gesundheit. Unser Immunsystem schützt uns vor Krankheitserregern wie Bakterien oder Viren und solange unsere körpereigene Abwehr funktioniert, stellt sie eine wirkungsvolle Barriere für Krankheitserreger dar. Ist unser Immunsystem jedoch geschwächt, haben Krankheiten ein leichtes Spiel.

Was sind Kohlenhydrate?

Ein Chemiker würde diese Kohlenhydrate „Zucker" nennen.
Und Zucker ist Glukose.

Kohlenhydrate sind enthalten in:
Zucker, Mehl, Kartoffeln, Reis, Mais (Brot, Nudeln etc.).
Hülsenfrüchte: Die Kohlenhydrate liegen im mittleren Bereich.
In Obst je nach Süße und Gemüse (kein Mais) zum Teil gute Kohlenhydrate.
Nüsse, Milchprodukte, Käse, Eier haben wenige Kohlenhydrate.
Fleisch, Fisch, Fett und Öle haben keine Kohlenhydrate.

Beispiele: Pro 100 g

Zucker 100	Fruchtzucker 100
Cornflakes 85	Haferflocken 85
Knäckebrot 75	Zwieback 75
Brötchen 50	Vollkornbrot 50
Weizenstärkemehl 85	Reisstärkemehl 85
Kartoffelmehl 75	Kartoffeln 25
Kartoffel-Püree 75	Kartoffel-Frites 35
Reis 25	Nudeln 25
Banane frisch 21,4	Himbeeren frisch 04,8
Mandarinen frisch 10,1	Rhabarber frisch 01,4
Apfel geschält 12,4	Blattspinat frisch 00,6
Blumenkohl gegart 01,6	Broccoli gegart 01,9
Erbsen grün gegart 12,6	Spargel 01,6
Zuckermais 15,7	

Der Glykämische Index

Der Glykämische Index wird zur Bestimmung eines kohlenhydrathaltigen Lebensmittels verwendet, das den Blutzuckerspiegel ansteigen lässt.
Je mehr Kohlenhydrate gegessen werden, desto schneller steigt der Blutzuckerspiegel.

Das heißt:
Kohlenhydrathaltige Lebensmittel haben einen hohen glykämischen Index, Lebensmittel mit geringfügigen Kohlenhydraten (z. B. wie Gemüse) einen niedrigen glykämischen Index.

GI größer als   70 =   schlecht
GI zwischen   50 und 70 = mittel
GI kleiner als   50 =   gut

Ein hoher GI führt zu einem hohen Anstieg des Blutzuckerspiegels, was dann zu einer hohen Ausschüttung von Insulin führt. Dadurch gibt es eine Steigerung der Aufnahme von Glukose in Muskel- und Fettzellen. Es kommt zu einer Fettspeicherung.
Nach 2 – 4 Stunden kommt es zu einer Unterversorgung mit Energieträgern im Blut, was wir eine Unterzuckerung nennen. Es kommt zu einem Teufelskreis, denn wir haben wieder Hunger. Wir haben Appetit auf kohlenhydratreiche Lebensmittel.
Der starke Abfall des Blutzuckerspiegels bei Lebensmitteln mit hohem GI kann zu Veränderungen im Verdauungsprozess führen sowie zu einem vermehrten Hungergefühl.
Bei übergewichtigen Menschen funktioniert der Kohlenhydratstoffwechsel viel langsamer, aber man kann die Ernährung gut darauf einstellen.

Warum sind zu viele Kohlenhydrate für den Menschen schädlich?

1864 schrieb der Ernährungswissenschaftler William Banting sein erstes Buch über Low Carb Diät: Letter on Corpulence (Brief an die Fettleibigkeit).
Diese Diät wurde auch in Deutschland schon Ende des 19. Jahrhunderts unter dem Namen „Banting-Kur" populär.
In dem Konversationslexikon „Mayer" wurde sie als Heilung von Wohlbeleibtheit und Fettsucht bezeichnet und ist der Vorläufer der Atkins-Diät.
Wissenschaftlich war diese Atkins-Diät bis vor ein paar Jahren wenig akzeptiert (wegen Cholesterinstoffwechsel). Darüber gibt es aber heute neue Studien:
Weitere Quelle: Dr. med. Walter Hartenbach: Die Cholesterin-lüge - Das Märchen vom bösen Cholesterin (München 2002)

1996 führte die DCCV (Deutsche Morbus Crohn/*Colitis ulcerosa* Vereinigung) unter der Leitung von Prof. H. Lorenz-Meyer und Prof. P. Bauer mit der Lutz-Diät eine Studie durch:
Wolfgang Lutz veröffentlichte Statistiken über die Entwicklung von Blutwerten, die belegen, dass sich kritische Werte unter seiner fettreichen Diät nicht verschlechterten. Die Cholesterin- und Harnsäure-Werte verbesserten sich bei dieser Diät (Low Carb)!

1892 schrieb ein britischer Arzt: Dr. E. Densmore in seinem Buch: Wie die Natur heilt: Getreidenahrung führe zum frühen Tod!
Wer große Mengen dieser gefährlichen Nahrung zu sich nimmt, sammelt die größte Menge erdiger Grundstoffe an und schädigt seinen Organismus fortwährend.
Diese Ablagerungen, die man sichtbar im Teekessel sehen kann, lagern sich im ganzen Körper ab. Sie verkleistern das Blut. Sie verstopfen die Filtriersysteme und führen zu allen möglichen Krankheiten.

Computertomographien von ägyptischen Mumien zeigen bei Getreideliebhabern große Schäden am Skelett.

1920 behandelte ein amerikanischer Arzt Dr. Russel M. Wilder an der Mayo Clinic in Rochester (New York) Epilepsie kranke Kinder.
Er entwickelte für seine kleinen Patienten eine extrem fettreiche und kohlenhydratarme Diät.
Solch eine Ernährung setzt den Fastenstoffwechsel in Gang.
Also – Fette und Proteine statt Kohlenhydrate.
Seine ketogene Kost war sehr erfolgreich!
Diese ketogene Diät wird schon seit der Antike zur Behandlung von Epilepsie eingesetzt.
1925 veröffentlichte er im Journal of the American Medical Association seine Studie.
M. G. Peterman von der Mayo Clinic berichtet:
Von 37 behandelten Kindern wirkte diese Therapie nur auf 2 Kinder nicht! 13 Kinder hatten nur noch zur Hälfte Anfälle.
Bei 22 Kindern verringerten sich die Anfälle um 90 Prozent.
1940 wurden von der Pharma-Industrie neue Medikamente gegen Epilepsie entdeckt und diese Ernährungsform geriet in Vergessenheit.
Erst seit ca. 17 Jahren wird diese ketogene Kost als Therapie wieder eingesetzt, denn ein Drittel der Patienten sprechen auf die Medikamente nicht ausreichend an.
Verantwortlich, dass die ketogene Kost wieder in Erinnerung trat, ist ein amerikanischer Filmproduzent. Sein kleiner Sohn wurde durch die ketogene Diät von seinen Anfällen befreit! Medikamente haben ihm nicht geholfen.
Er gründete die Stiftung: Charlie Foundation, die entsprechende Forschungen unterstützt und machte die Heilung seines Sohnes mit Filmen publik. Heute wird diese ketogene Kost bereits in über 45 Ländern eingesetzt. In der Schweiz (Zürich) auch in einem Kinderspital.

2001 hat es eine Studie von Forschern des Johns Hopkins Hospitals in Baltimore mit Kindern gegeben, die sehr erfolgreich war! Nach einer einjährigen Diätphase war bei 49 Prozent der behandelten Kinder die Häufigkeit epileptischer Anfälle um mehr als 90 Prozent verringert.
2005 im September – wurde bei einer Konferenz gesagt, dass es bis heute keine Medikamenten-Studie gäbe, die ähnlich gute Ergebnisse zeigte.

Der Grund für die positive Wirkung von kohlenhydratarmer Kost könnten die so genannten Keton-Körper sein, die die Leber während der Ketose als Energieträger bildet.
Zum Beispiel drosselt die Ketose bei Epilepsie die Hyperaktivität der Gehirnzellen.

1950 – 1960 entwickelte ein österreichischer Arzt Wolfgang Lutz eine Low Carb Diät, die der Atkins-Diät gleicht.
Dieser Arzt studierte in Wien und Innsbruck Medizin und habilitierte 1943 an der Wiener Universität. Nach dem 2. Weltkrieg arbeitete er lange als Internist in Salzburg.
Sein Buch: Leben ohne Brot – wurde 1967 veröffentlicht.
Er erhielt für sein Werk eine Auszeichnung der Royal Society-of Medicine sowie im Jahr 2007 den Freedom of the City of London Award und ist Ehrenprofessor der Metropolitan University of Dublin (Irland).
Bei Lutz stand nicht die Gewichtsabnahme im Vordergrund, es ging ihm um die allgemeinen gesundheitlichen Auswirkungen und um die Vorgänge im Körper sowie die Behandlung chronischer Erkrankungen.
Nach seiner Meinung werden die meisten chronischen Erkrankungen durch Hormonstörungen ausgelöst. Verursacht durch zu hohe Insulinausschüttungen.

2004 schrieb Dr. Ehrensperger *(seine Schwerpunkte sind: Metaphysik, Erkenntnistheorie, Rationalismus, Transzendentalphilosophie)*:
Wenn die Leber nicht durch Brot und Getreidespeisen überlastet wäre, könnte sie mit dem Fleisch besser klar kommen.
Wegen diesen vielen Kohlenhydraten sind viele Menschen total übersäuert und nicht wegen des Fleischkonsums.

Seit 2005 orientiert sich die deutsche Reha-Klinik „Überruh" in Isny an der Logi-Pyramide.
Bei 45 an der Studie teilnehmenden Diabetikern sank innerhalb von drei Wochen das Gewicht um 2,9 Kilogramm.
Der Nüchtern-Blutzuckerspiegel im Mittelwert um 20 Prozent und der HbA1C um 4 Prozent.
Ebenso verbesserten sich die Blutfettwerte und die Medikamente (orale Antidiabetika, Insulin) konnten bei mehr als der Hälfte der Patienten vollständig abgesetzt werden.
Das sind doch für Diabetiker tolle Ergebnisse, die Mut machen!
Den ausführlichen Bericht kann man lesen:
Ernährungstherapie bei Diabetes mellitus Typ 2 mit kohlenhydratreduzierter Kost (Logi-Methode), Peter Heilmeyer, S. Kohlenberg, A. Dorn, S. Faulhammer, R. Kliebhan.

2007 gab es Studien an der Universitätsklinik in Tübingen an Patienten, die an schwer therapiebaren Hirntumoren litten.
Auch an der Universitätsklinik in Würzburg gab es Studien mit Patienten mit verschiedenen Krebsarten in einem weit fortgeschrittenen Stadium.
Die Patienten galten als austherapiert!
Bei einem Teil der Patienten verlangsamte sich das Tumorwachstum, der Allgemeinzustand verbesserte sich beachtlich bei einer kohlenhydratreduzierten Kost.

Zum Beispiel fand Thomas Seyfried vom Boston College in Chestnut Hill heraus, dass bei Mäusen mit Gehirntumoren mit ketogenem Futter, die Tumore langsamer wuchsen.

Frau Budwig dokumentiert in ihrem Buch: Krebs, das Problem und die Lösung, dass ihre neuen Erkenntnisse seit Jahrzehnten Professoren der Deutschen Krebshilfe und auch Politikern bekannt sind.
ABER: Auch wenn dies bekannt ist, bedeutet dies noch lange nicht, dass diese Erkenntnis auch umgesetzt wird.
Die Konsequenzen tragen immer noch die nicht informierten Patienten. Die Schulmedizin interessiert sich leider erst seit kurzem für diese Ernährungsform.

Seit ein paar Jahren diskutiert jetzt die Fachwelt, ob sich die ketogene Diät auch bei Erkrankungen wie Alzheimer oder Parkinson positiv auswirken könnte.
Bei Alzheimer-Patienten ist die Verwertung von Glukose im Gehirn verringert.
Bei Parkinson-Patienten spielt das Entstehen eines Defekts in den Mitochondrien eine Rolle.
Bei Versuchen an Mäusen stellten die Wissenschaftler fest, dass tatsächlich bei Alzheimer-Mäusen die Ablagerung des so genannten Amyloid-Beta-Proteins im Gehirn durch die ketogene Diät um 25 Prozent verringert wurde.
Die Parkinson-Mäuse waren in einer einwöchigen Keton-Körper-Infusion teilweise vor den typischen Nervenschäden und Bewegungsstörungen geschützt.

Es gibt heute vereinzelte Studien mit Alzheimer- oder Parkinson-Patienten, die mit dieser Diät-Form positive Wirkungen zeigten.

Ein Wissenschaftlerteam bewies an der Universität Jena und Potsdam sowie dem Deutschen Institut für Ernährungsforschung, dass der Tumor aufhört zu wachsen, wenn die Krebszellen von Gärung wieder zur normalen Nutzbarkeit übergehen. Diese Studie wurde 2006 im Fachmagazin Human Molecular Genetics veröffentlicht.

Der Wissenschaftler und Tumorbiologe Dr. Johannes F. Coy aus Habitzheim fand heraus, dass Metastasen bildende Krebsformen ihre Energie nicht aus der Verbrennung von Zucker zu Kohlendioxyd und Wasser gewinnen, sondern aus der Vergärung von Glukose zu Milchsäure.
Er erklärt auch, warum Krebs am Herzen extrem selten ist.
Der Herzmuskel gewinnt immer seine Energie aus der Fettverbrennung, selbst wenn Glukose als Treibstoff ausreichend vorliegt. Selbst wenn sich ein Herztumor bildet, ist dieser fast immer gutartig.

1995 wurden von Coy folgende Ergebnisse nachgewiesen:
Je mehr Zucker und Kohlenhydrate dem Körper als Energieträger zur Verfügung stehen, desto aktiver wird dieses Enzym bei Krebs.
-Krebsforschungszentrum Heidelberg-

Die Forscher sehen jetzt eine Möglichkeit, über die kohlenhydratarme Ernährungsform den Krebszellen ihre Energie und Lebensgrundlage zu entziehen und sie so zum Absterben zu bringen. Diese Tumorzellen sind auf Zucker (Glucose) als Treibstoff angewiesen.

Der Wiener Internist Dr. Ewald Riegler sagt:
Menschen bekommen Migräne-Anfälle, weil ihre Gefäßmuskulatur unterernährt ist.
Dies würde passieren, wenn der Körper zu schnell die Kohlenhydrate aufnimmt.
Die Bauchspeicheldrüse muss dann viel Insulin produzieren, um den Zucker den Zellen zuzuführen.
Dr. Riegler hat das folgendermaßen beschrieben:
Durch die Zellen-Tür passen pro Minute nur 10 Insulin-Zucker-Teilchen, aber 10.000 Insulin-Zucker-Teilchen wollen gleichzeitig rein.
Sie zertreten sich gegenseitig.
Die Folge ist dann, dass die Zelle gar nichts bekommt und krampft.
Rieger empfiehlt Migräne-Patienten zunächst Fleisch, Fisch und Rohkost zu essen. Außerdem sollen die Betroffenen solange Äpfel essen, bis die Attacke vorbei ist.

Die renommierte Nurse´s Health Studie aus den USA hat gezeigt, dass ein hoher Fettkonsum das Risiko für Herzkreislauf-Krankheiten **nicht** erhöht.
Sie sagt aus, dass der Verzicht auf tierische Fette ein doppeltes Schlaganfall-Risiko mit sich bringt.
Nicht das Fett macht fett, sondern die vielen Kohlenhydrate sind schuld an vielen chronischen Erkrankungen und Übergewicht.

LOW CARB Buchtipps

Sie suchen nach Abwechslung für Ihre Low Carb Ernährung?

Die Low Carb Ratgeber enthalten umfangreiche Rezepte, ganz gleich ob Sie ab-
nehmen wollen, gesünder essen möchten, Rezepte für die Familie, für unterwegs,
oder für Festlichkeiten suchen – es gibt für jede Situationen die passenden Rezepte.
Sie lernen auch die Grundlagen von Low Carb kennen und wissen so immer ganz
genau, was Sie essen dürfen.

Infos: www.jutta-schuetz-autorin.de/

Plötzlich Diabetes - Es geht auch ohne Pillen
Autorin: Jutta Schütz - Verlag: Books on Demand
3. Auflage (25. Juni 2014)
ISBN-10: 3732247724 und ISBN-13: 978-3732247721
Taschenbuch: 112 Seiten - Sprache: Deutsch

Das blutzuckersenkende Hormon Insulin ist entscheidend am Wachstum der Fettdepots beteiligt.

Wenn wir viele Kohlenhydrate essen, wird auch viel Insulin ausgeschüttet, das den Blutzuckerspiegel wieder senkt. Es hemmt aber auch gleichzeitig die Fettverbrennung in der Muskulatur. Dies wiederum fördert die Fetteinlagerung im Fettgewebe.

Insulin ist ein Masthormon. Essen wir also zu viele Kohlenhydrate, verbrennt unser Körper weniger Fett. Dadurch sinkt unser gutes HDL-Cholesterin und die Triglyzerid-Werte erhöhen sich. Das schlechte LDL-Cholesterin wird aggressiv (atherogen). Es entsteht nicht selten eine Diabetes mellitus Typ 2, Herzinfarkt oder Schwangerschaftsdiabetes.

Die Diabetes Federation sagt:
1985 hatten weltweit – 30 Millionen Menschen Diabetes.
10 Jahre später waren es bereits 150 Millionen.
Im Jahr 2030 sollen 500 Millionen Menschen an Diabetes leiden. Dies schätzt die Weltgesundheitsorganisation (WHO).)
Nach Dr. Wolfgang Lutz soll der Mensch jeden Tag nur ca. 6 Broteinheiten zu sich nehmen.
Das entspricht etwa dem täglichen Zuckerverbrauch des Gehirns.
Das heißt: Pro 1 kg Körpergewicht (pro Tag) 0,8 g Kohlenhydrate.
Das wäre für einen 70 kg Menschen ca. 50 – 70 g Kohlenhydrate täglich.

Rezension zum Buch
"Plötzlich Diabetes"
Demnächst in 4. Auflage

Dr. Matthias Riedl schreibt über das Buch im Diabetes Blog:
Sehr geehrte Frau Schütz,
ich kann Ihr Buch aus ärztlicher Sicht ebenfalls sehr empfehlen. Es hilft anderen Betroffenen, ihre eigenen Ängste besser zu überwinden, wenn sie merken, wie andere es gemacht haben. Lesenswert! Diese Hilfe kann nur von Betroffenen geleistet werden. So relativieren sich schnell die eigenen Ängste. Nach dem ersten Schock mit der Diagnose Diabetes braucht die Seele ein paar Monate zur Akzeptanz. Dann geht das Leben weiter. Übrigens meist ohne Einschränkung der Lebenserwartung – wenn alle, Patienten und Ärzte - gut zusammenarbeiten. Genau dies haben sich das medicum Hamburg und ich persönlich zum Ziel gesetzt. Mit freundlichen Grüßen - Ihr Dr. Matthias Riedl (ärztlicher Leiter medicum Hamburg).

Dr. med. Matthias Riedl ist Facharzt für Innere Medizin und arbeitet als Diabetologe (Deutsche Diabetes Gesellschaft, Ärztekammer Hamburg) und Ernährungsmediziner. Außerdem ist er bekannt durch den Sender NDR mit der Sendung „Die Ernährungsdocs", die er seit 2012 mit dem NDR und seinen Kollegen Anne Fleck und Jörn Klasen konzipiert.
Weitere Quellen über Diabetes und Co.:
https://www.medicum-hamburg.de/de/aerzte/dr-med-matthias-riedl/